COMO YO
LAURA WIFLER
Ilustrado por Skylar White

Para los niños que enfrentan dificultades.
Dios te hizo, Dios te ama, Dios es bueno contigo.

Como yo

B&H Publishing Group
Brentwood TN, 37027

Diseño de portada: Studio Gearbox
Foto de la autora: Ashley Brooks Photography
Illustraciones: Skylar White

Clasificación Decimal Dewey: C362.4
Clasifíquese: DISCAPACIDAD \ NIÑOS DISPACITADOS \ NIÑOS FÍSICAMENTE DISCAPACITADOS

ISBN: 978-1-4300-8784-7

Impreso en China
1 2 3 4 5 * 27 26 25 24

El día todavía está oscuro cuando mi mamá deja que nuestro perro entre a mi habitación para despertarme. Él se acerca, me lame y lentamente voy abriendo los ojos para ver que el sol también está despertando conmigo.

Mi perro corre a despertar a mi hermano.
A pesar de que tiene cuatro años, todavía duerme en su cuna.
A mi perro le gusta meter las patas entre
las barandas mientras mi hermano se ríe con él.

Me visto rápido, porque es miércoles.
Lo que significa que tenemos que salir más temprano,
porque mi hermano pequeño tiene terapia hoy.

La terapia es donde mi hermano va para aprender a caminar y a hablar. Puede parecer que ya debería saber cómo hacerlo, pero necesita más ayuda de lo normal porque tiene discapacidades.

Al igual que yo necesito un profesor de piano que me ayude a aprender las notas, mi hermano necesita terapeutas que ayuden a su cuerpo a aprender cómo moverse.

Anoche nevó, así que me pongo las botas mientras mi mamá me dice que busque mi gorro y guantes. Cuando termino, acompaño a mi hermano afuera mientras mi mamá coloca su andador en la camioneta.

Mi hermano usa aparatos ortopédicos. La mayoría de personas no lo hacen, pero mi hermano los usa para ayudarlo a aprender a caminar mientras utiliza el andador. Al igual que mi mamá coge mi mano cuando cruzamos el hielo para subirme a la camioneta, los aparatos ortopédicos y el andador ayudan a mi hermano a sentirse seguro y fuerte.

Y llegamos a la sala de espera de la terapia de mi hermano, tiene grandes ventanas y se pueden ver los árboles cubiertos de escarcha.

Mientras leo un libro, entran y salen todo tipo de personas. ¡La sala de espera es un lugar con mucho movimiento!

A veces las personas que encuentro en la sala de espera se comportan de maneras a las que no estoy acostumbrado.

Por ejemplo, un niño se mueve en un rincón, diciendo palabras que no puedo escuchar.

Una niña llora mientras pisa fuerte con los pies y balancea sus brazos.

Otra niña lleva unos audífonos grandes y mira hacia el frente.

Un niño con muletas me sonríe
y yo le devuelvo la sonrisa.

Una niña tiene un perro gris
que lleva un chaleco especial.
No puedo tocar al perro,
pero me gusta mirarlo.

No siempre entiendo lo que dicen los niños o por qué actúan de la manera en la que lo hacen. Mi mamá dice que es porque Dios hizo a todos únicos. Todos le damos gloria en diferentes maneras y si vemos de cerca, podemos aprender un poco sobre Dios a través de cada uno de ellos.

«Es un privilegio conocer a otra persona,
sin importar cómo se vea o cómo actúe.
Nunca lo olvides, cariño», dice mamá.

Cuando termina la terapia, vamos a mi lugar favorito: ¡Un restaurante de sándwiches! El olor delicioso del pan recién horneado hace que mi estómago suene mientras ayudo a mi hermano a subir las escaleras y mi mamá lleva el andador.

Y así, puedo comer un sándwich
de queso a la plancha y mamá
me deja comer sus pepinillos.

Ya de regreso en casa mi hermano se acuesta
para dormir su siesta.

En Navidad me regalaron un trineo nuevo, y no puedo esperar para lanzarme colina abajo en nuestro patio trasero. Me coloco todo mi equipo de nieve lo más rápido que puedo para probarlo con mis amigos.

Cuando mi hermano se despierta, mamá lo ayuda a ponerse el equipo de nieve. Es especialmente difícil para él caminar cuando hay nieve espesa en el suelo, así que mamá lo pone dentro de mi trineo. Mis amigos y yo no tardamos en turnamos para llevarlo.

Creo que le puede gustar ir a la colina para deslizarse en los trineos, así que mi prima se ofrece como voluntaria para llevarlo. «Prometo ir despacio», dice.

Mi prima se sube en el trineo y
todos gritan: «¡Preparados, listos, ya!».

Nos reímos y saltamos mientras se deslizan colina abajo. Nos encanta ver lo feliz que le hace a mi hermano jugar así.

Nuestros dedos de las manos y de los pies empiezan a enfriarse, así que entramos para tomar el chocolate caliente que mamá había preparado. Ella nos invita un bastón de caramelo y siete malvaviscos en cada taza.

Mi hermano está tan emocionado por los dulces que grita y celebra. No estamos seguros de lo que está diciendo, pero mi mamá me dice que no tenemos que entender sus palabras para entender lo que quiere decirnos. Todos sabemos que él está feliz, así que celebramos juntos.

Después de tomar el chocolate caliente, bajamos las escaleras para construir un divertido castillo. Mi hermano mira cómo colocamos una manta sobre unas sillas y colocamos almohadas a los lados.

«¡Oye!», grita mi amigo mientras la manta cae al suelo.

Era mi hermano quien estaba detrás. Él solo sonríe mientras sostiene la esquina de la manta con la mano.

Empezamos a reconstruir el castillo, pero mi hermano sigue desarmándolo. Hay mantas y almohadas por todas partes y empiezo a enojarme. De repente, mi hermano tira un avión de juguete, al aire.

«¡Ay!». Grito fuerte mientras me golpea en la cabeza. Mis ojos se empiezan a llenar de lágrimas.
«¡Eso me dolió!»
le dije.

Mi mamá baja las escaleras para ver qué pasó. A veces lleva a mi hermano con ella, pero otras veces me dice que tengo que encontrar una manera de jugar con él.

Hoy, por ejemplo, ella lo lleva arriba para que la ayude a preparar la cena, pero no sin antes pedirle que me dijera con señas «lo siento» y me diera un abrazo.

Él me da los mejores abrazos.

Él da los abrazos más sinceros
que cualquier persona que conozco.

Sé que la mente de mi hermano piensa diferente
a la forma como lo hace la mía y no es su culpa.
Mamá dice que él solo quiere ser como yo,
ser incluido y divertirse.

Él juega de la mejor manera
que sabe hacerlo.

Cuando papá llega a casa lo ayudo a encender el fuego en nuestra chimenea. Junto la leña con cuidado y papá la enciende. ¡De pronto la sala cobra vida y mi hermano aplaude!

Mamá se acerca y nos dice que es hora de ir a la cama y yo le ruego que me lea otro capítulo del libro que papá está leyendo en voz alta. «Está bien, solo uno más», dice. Cuando termina, mi hermano y yo bostezamos algo cansados. «¡Sí, definitivamente es hora de acostarse!», dice papá.

Mi papá lleva a mi hermano arriba. A veces es difícil que mi hermano se duerma, así que mi papá está con él por mucho tiempo. Me pongo mi pijama, me cepillo los dientes y me meto en la cama.

Mi mamá entra en la habitación de mi hermano y le susurra: «Dios te hizo, Dios te ama, Dios es bueno contigo».

Luego, mamá entra en mi habitación para darme un beso de buenas noches. Antes de irse, dice: «Dios te hizo, Dios te ama...»

«¡Dios es bueno contigo!», completo la oración.

«Sí, mi amor», lo dice mientras sonríe. «Tres verdades, que si las crees, cambiarán tu vida para siempre». Ella me da un beso, se da la vuelta y apaga las luces. Sueño con trineos y chocolate caliente y espero a que mi perro me despierte un nuevo día.

Laura Wifler es cofundadora de *Risen Motherhood*, directora ejecutiva y copresentadora del podcast y coautora de *Maternidad Redimida: La esperanza del evangelio para momentos cotidianos*. También escribió *To the Cross I Cling* [A la cruz me aferro], un libro digital que reflexiona sobre la maternidad de un niño con discapacidad y el premiado libro infantil *Any Time, Any Place, Any Prayer* [En cualquier momento, en cualquier lugar, cualquier oración]. Laura, su esposo y sus tres hijos viven en el centro de Iowa. Puedes encontrarla en Instagram @laurawifler o en laurawifler.com.